CW01457797

¿Qué es eso?

¡Es una bruja!

Es mi abuela. Se llama Berta. ¡Hola Abuela!

Ella es verde.

Ella tiene el pelo gris.

Tiene un pequeño gato negro.

Ella quiere mucho a su gato.

Hoy Berta está en el jardín.

Ella come un helado. Le gusta mucho el helado.
¡Es delicioso!

¡Caramba! El helado cae al suelo.

El gato come el helado.

Berta no está contenta..

..pero todavía quiere mucho a su gato.

Berta's Wordsearch

Accept the challenge. Photocopy the wordsearch, set yourself a time limit and see how many words you can find. Challenge your friends!

z	n	a	e	m	o	c	h	x
d	e	l	i	c	i	o	s	o
t	g	e	s	o	l	n	b	l
o	r	u	p	a	g	t	r	e
d	o	b	e	m	r	e	u	u
a	j	a	r	d	í	n	j	s
v	a	c	o	n	s	t	a	h
i	l	a	h	e	l	a	d	o
a	p	e	q	u	e	n	o	y

Unjumble the red letters in the square to find the mystery word.

Answers on page 18

Find: Ignore the accents.

pequeño	abuela	bruja	mi	su
todavia	helado	hola	al	
contenta	come	pero	el	
delicioso	cae	hoy	la	
jardín	negro	que	es	
suelo	gris	eso	se	**Score: /25**

What the Words Mean

al – to the

una abuela – a grandmother

una bruja – a witch

cae – falls

la carrera – the race

come – eats

contenta – happy/content

delicioso – delicious

el – the

ella – she

en – in

es – is

eso – that

está – is

un gato – a cat

gris – grey

un helado – an ice cream

hola – hello

hoy – today

el jardín – the garden

llama – calls

se llama – calls herself/ is called

mi – my

mucho – a lot

negro – black

no – not

el pelo – hair

pequeño – small

pero – but

qué – what

quiere…a – loves

se – herself

su – her

suelo – ground

tiene – has

todavía – still

un/una – a

verde – green

Wordsearch Answers

z	n	a	e	m	o	c	h	x
d	e	l	i	c	i	o	s	o
t	g	e	s	o	l	n	b	l
o	r	u	p	a	g	t	r	e
d	o	b	e	m	r	e	u	u
a	j	a	r	d	i	n	j	s
v	a	c	o	n	s	t	a	h
i	l	a	h	e	l	a	d	o
a	p	e	q	u	e	n	o	y

The letters in red spell quiere

18